Deutsche Unternehmen in Australien
Über 200 deutsche Firmenniederlassungen nach Bundesstaaten sortiert

von Katrin Hilberath

Inhaltsverzeichnis

Kapitel 1

Einführung

Australien, offiziell „*Commonwealth of Australia*", liegt in der südlichen Hemisphäre, nordwestlich von Neuseeland und südlich von Indonesien. Es umfasst die an Victoria vorgelagerte Insel Tasmanien und einige kleinere Inseln. Australien verfügt über drei verschiedene Klimazonen. Darwin z.B. hat ein tropisches Klima mit einer Trocken- und Regenzeit. Melbourne liegt in der gemäßigten Klimazone. Das Wetter dort ist so sprunghaft, dass die Anwohner von vier Jahreszeiten an einem Tag sprechen.

Im Jahr 2013 belief sich die Einwohnerzahl in Australien auf rund 23 Millionen. Ein Großteil der heutigen australischen Bevölkerung hat europäische Wurzeln. 2,4 Prozent der Einwohner haben zumindest teilweise eine indigene Abstammung. Kritisiert wird häufig die mangelnde Integration oder gar Diskriminierung der Aborigines. Nicht selten am Rande der Gesellschaft lebend, liegt die durchschnittliche Arbeitslosenquote der Aborigines um Faktor 3 über dem Landesdurchschnitt.

Die Immigration aus asiatischen Ländern hat sich in den letzten Jahren zunehmend verstärkt, was sich besonders in der Demographie von Melbourne und Sydney widerspiegelt. Auch sind die chinesischen Investitionen in Australien angestiegen. Im ersten Halbjahr 2012 beliefen sich diese auf 5,7 Milliarden USD.

Australien ist sehr stark urbanisiert. Insgesamt 92 Prozent der Bevölkerung lebt in Städten. Sydney hat mit 4,6 Millionen Einwohnern die größte Bevölkerungsquote, gefolgt von Melbourne mit 4,07 Millionen Einwohnern. Melbourne wurde von der britischen Zeitschrift *The Economist* als lebenswerteste Stadt der Welt gewählt und ist stolz darauf, die Stadt mit dem weltweit größten Straßenbahnnetz zu sein.

Die aktuelle Regierung um Premierminister Tony Abbott gehört der National-Liberalen Koalition an. Neben der Immigrationspolitik ist der Klimawandel ein brisantes Thema, welches häufig auf Kritik stößt. Die von der alten Regierung eingeführten Gesetze und Maßnahmen zur Reduzierung von CO_2 Emissionen stießen auf erheblichen Widerstand der australischen Bergbauindustrie. Premierminister Tony Abbott ist als Klimawandel-Skeptiker bekannt. Er legte einen Rückwärtsgang ein und schaffte nach Amtseinführung die CO_2-Abgaben für australische Unternehmen wieder ab. Einsparungen, Anreize für die Unternehmen und Kohle als wichtiges Wirtschaftsgut, waren die Argumente des Regierungschefs für den Schritt, als erstes Land weltweit die CO_2-Abgaben wieder zurück zu nehmen. Aus deutscher Sicht sind einige politische Rahmenbedingungen - zumindest auf den ersten Blick- doch etwas gewöhnungsbedürftig: Trotz Sonne im Überfluss werden 73 Prozent des australischen Strombedarfs mit herkömmlichen Kohlekraftwerken erzeugt; und obwohl Australien zu den größten Uran-Bergbau-Nationen weltweit gehört, gibt es kein einziges Kernkraftwerk. Australien, wen wundert es, gehört weltweit zu den Spitzenreitern bei Treibhausgas-Emissionen.

Australien ist ein äußerst beliebtes Einwanderland und weist in einigen Bereichen einen hohen Fachkräftemangel auf. Eine erste Anlaufstelle für qualifizierte deutsche Arbeitnehmer sind u.a. deutsche Unternehmen mit einer Betriebsniederlassung in Australien. Die Bandbreite der deutschen Niederlassungen reicht von kleinen mittelständigen Unternehmen bis zu großen Konzernen. Zu den größten Deutschen Unternehmen in Australien zählen derzeit Allianz, BMW, Daimler Chrysler, Munich RE (Münchener Rückversicherungs-Gesellschaft), Bosch und Siemens. Deutschland ist aktuell Australiens zwölftgrößter Handelspartner weltweit.

Dieses Buch enthält Basisinformationen über die aktuelle wirtschaftliche Situation Australiens und den Handelsbeziehungen zu Deutschland. Es gibt einen Überblick über den derzeitigen Arbeitsmarkt und geht auf den Fachkräftemangel, sowie die hierdurch aufkommenden Möglichkeiten zur Einwanderung qualifizierter Arbeitnehmer ein. Dieses Buch enthält eine aktuelle (Stand April 2015) Liste von über 200 Niederlassungen Deutscher Unternehmen, sortiert nach Staaten und unter Angabe von Sitz und Branche. Es bietet für Unternehmen, die sich in Australien niederlassen wollen oder nach wirtschaftlichen Kontakten suchen, einen ersten Überblick. Die Liste deutscher Niederlassungen in Australien ist eine hilfreiche Unterstützung für deutsche Bewerber, die eine Migration nach Australien anstreben. Deutsche Unternehmen in Australien schätzen häufig die Vertrautheit mit der deutschen Wirtschaft und Kultur, die strukturierte und zuverlässige Arbeitsweise sowie die Sprachkenntnisse deutscher Fachkräfte.

Kapitel 2

Australiens Wirtschaft

Die australische Wirtschaft wächst seit über 20 Jahren stetig. Laut dem Auswärtigen Amt ist das Wirtschaftswachstum seit dem Jahr 2013 jedoch auf 2,96 Prozent abgeschwächt. Gründe hierfür sind unter anderem die sinkenden Rohstoffpreise und eine geringere Nachfrage. Um den Aufwertungsdruck der eigenen Währung zu verringern hat die australische Zentralbank (Reserve Bank of Australia) den Leitzins zuletzt auf 2,5 Prozent gesenkt.

Australien ist bemüht den Ausbau des Freihandels anzutreiben. Ziel ist der Abbau von Agrarzöllen und Exportsubventionen sowie die Marktöffnung für seine Agrarprodukte. In den letzten Jahren wurden zunehmend bilaterale Freihandelsabkommen (FHA) mit den asiatisch-pazifischen Regionen abgeschlossen. Australien betreibt derzeit Freihandelsabkommen mit ASEAN, Chile, Neuseeland und den Vereinigten Staaten. Australien ist außerdem Mitglied der APEC, G20, OECD und WTO.

Der Dienstleistungssektor macht knapp 80 Prozent des Bruttoinlandsproduktes aus. Finanzen, Immobilien und Unternehmensdienstleistungen stellen die größten Anteile dar. Landwirtschaft und Bergbau machen rund 10 Prozent des BIP aus. Bemerkenswert ist jedoch, dass diese beiden Sektoren 70 Prozent von Australiens Exporten darstellen. Die meisten Rinderfarmen sind im Landesinneren Australiens angesiedelt, der Weinanbau in Australien konzentriert sich auf New South Wales, Victoria und South Australia, die Erntegebiete u.a. für Bananen sind vorwiegend an der Ostküste angesiedelt.

Im Jahr 2010 lag Australien auf Platz 21 der größten Exporteure und auf Platz 19 im weltweiten Vergleich von Importnationen. Die Großunternehmen in Australien führen die Exportbilanz. Die stärksten Rohstoffausfuhren Australiens sind Steinkohle,

Eisenerz, Gold, Erdöl, Erdölprodukte und Erdgas. Der Handel von unkonventionellem, verflüssigtem Erdgas soll in den nächsten Jahren zunehmend ausgebaut werden. Dies könnte Australien binnen fünf Jahren zum weltgrößten Exporteur von Flüssigerdgas machen. Des Weiteren ist Australien weltweit das drittgrößte Exportland von Uran. Dies vor dem Hintergrund, dass Australien selber kein einziges Atomkraftwerk betreibt und der Abbau von Uran erhebliche Umweltprobleme mit sich bringt. Nicht selten sind auch hier die Aborigines die eigentlich Leidtragenden.

Neben dem Rohstoffhandel spielen laut Angabe des deutschen Auswärtigen Amtes die Zukunftsbranchen Informations- und Kommunikationstechnologie, E-Commerce, Bio-, Nano- und Medizintechnologie eine immer wichtiger werdende Rolle. Außerdem stellt der Tourismus einen bedeutenden Wirtschaftsfaktor dar. Die größten Importprodukte Australiens sind derzeit Rohöl, raffiniertes Öl, PKWs und Medikamente.

Weitere detaillierte und aktuelle Informationen zur australischen Wirtschaftsentwicklung finden Sie auf der Webseite der australischen Zentralbank *„Reserve Bank of Australia"* (*http://www.rba.gov.au/*).

Die Australian Trade Commission, kurz Austrade, wurde von der australischen Regierung zur Beratung australischer Unternehmen bei Handel im Ausland und ausländischer Unternehmen bei Investitionen in Australien ins Leben gerufen. Austrade verfügt über ein globales Netzwerk an Büros.

Kapitel 3

Arbeitsmarkt und Einwanderung durch Fachkräftemangel

Der Arbeitsmarkt in Australien ist nach wie vor intakt, obwohl die Arbeitslosigkeit 2015 leicht auf 6,2 Prozent angestiegen ist. Im Jahr 2013 lag sie noch bei 5,7 Prozent. Der durchschnittliche Monatsbruttolohn in Australien liegt bei 6.419AUD (Stand 2013). Die Entwicklung in den einzelnen Branchen zeigt weiterhin eine robuste Beschäftigung und einen mitunter hohen Fachkräftemangel. Die Beschäftigung im produzierenden Gewerbe hingegen ist rückläufig. Die General Motors Tochter Holden sowie Toyota haben angekündigt, ihre PKW Produktion in Australien 2017 einzustellen. Ein Rückzug von GM und Toyota würde bedeuten, dass jegliche Kfz Produktion in Australien eingestellt werden würde, mit gravierenden Folgen für die Zuliefererbetriebe. Derzeit wird mit einem Wegfall von bis zu 40.000 Arbeitsplätzen in der Automobilindustrie gerechnet.

Nicht wenige australische Schulabgänger starten ohne Ausbildung oder Studium ins Berufsleben. Grund dafür sind die im weltweiten Vergleich hohen Mindestlöhne und attraktiven Gehälter für ungelernte Arbeiter in der Bauindustrie und im Bergbau. Besonders im Bergbau sei zu erwähnen, dass die hohen Gehälter für die harten Arbeitsbedingungen und die Distanz zur Familie entschädigen sollen. Unter dem sogenannten „Fly-in fly-out" Modell, kurz *FIFO*, arbeiten die Angestellten für mehrere Wochen auf isolierten Bohrinseln oder werden in den abgeschiedenen Minen eingesetzt. Nach einigen Wochen Arbeit, hier handelt es sich meist um 7-Tage Wochen mit langen Arbeitstagen (in der Regel 12 Stunden), werden die Arbeiter wieder für einige Tage der Erholung zu ihren Familien geflogen. Die Selbstmordrate bei *FIFO* Arbeitern ist erschreckend hoch.

In den Zukunftsbranchen der Computer- und Elektronikindustrie herrscht aktuell ein starker Fachkräftemangel. Qualifizierte Arbeiter aus dem Ausland, die in Australien Fuß fassen wollen, haben hier gute Chancen als *„Skilled Migrants"* an ein Arbeitsvisum zu gelangen. Auf das *457 Temporary Skilled Worker Visa* wird im Folgenden weiter eingegangen. Weitere Optionen, wie z.B. das *State Nomination Visa* oder die direkte Beantragung einer unabhängigen permanenten Aufenthaltsgenehmigung durch das *Skilled Independent Visa* werden in diesem Werk nicht weiter beschrieben. Genauere Informationen hierzu bietet die Webseite des Department of Immigration and Border Protection (*https://www.immi.gov.au/*) und, gegen Entgelt, diverse Immigration Agenturen.

Eines der bekanntesten Arbeitsvisa ist das *457 Visa*, welches von einem als Business Sponsor registrierten Arbeitgeber genutzt werden kann. Hier sind Angebote kleinerer Unternehmen teilweise mit Vorsicht zu betrachten, da diese qualifizierte Fachkräfte mitunter mit dem Versprechen auf ein Visa Sponsorship anwerben und sie dann zu vergleichsweise schlechten Arbeitsbedingungen anstellen. Es kommt beispielsweise vor, dass Unternehmen ausländische Arbeiter zunächst auf dem *Working Holiday Visa*, welches u.a. deutsche Staatsbürger bis zu ihrem 30. Lebensjahr relativ mühelos beantragen können, mit der Aussicht auf ein Sponsorship ködern. Nicht jedes Unternehmen erfüllt jedoch die Kriterien auf ein derartiges Sponsorship. Um sich als Business Sponsor zu registrieren, muss der Arbeitsgeber u.a. nachweisen, dass er 1% der jährlichen Personalkosten für Training und Weiterbildung seiner australischen Arbeitnehmer ausgibt. Außerdem hat die Immigrationsbehörde einen Mindestlohn von 53.900 AUD für das *457 Visa* festgesetzt. In den meisten Fällen muss der Arbeitgeber außerdem unter dem sogenannten *„labour market testing"* nachweisen, dass er keine qualifizierten australischen Arbeitskräfte zu den gleichen Bedingungen finden konnte. Zudem sei zu beachten, dass der Bewerber Erfahrung und Ausbildung im nominierten Beruf, sowie ausreichende Englischkenntnisse nachweisen muss. Vor Beantragung des Visums ist hierzu in der Regel der international anerkannte IELTS Englischtest abzulegen. Zudem muss die Berufsgruppe des Bewerbers auf der sogenannten *„Consolidated Sponsored Occupations List"*, kurz *„CSOL-List"*, aufgeführt sein. Den Link zur aktuellen *CSOL-List* finden Sie im Kapitel 6 *„Nützliche Internet-Links"*.

Ein *457 Visa* Sponsorship kann zunächst für bis zu vier Jahre beantragt werden. Nach zwei Jahren Beschäftigung in der beim Sponsorship Antrag nominierten Position im gleichen Unternehmen, kann der Arbeitgeber die ausländische Arbeitskraft unter dem *Employer Nomination Scheme* (*186 ENS Visa*) für eine permanente Aufenthaltsgenehmigung sponsern.

Das Department of Immigration and Border Protection veröffentlicht am Ende eines jeden Quartals Statistiken über die unterschiedlichen Visa. Im ersten Quartal des Finanzjahres 2014/15 (1.7. bis 30.6.) wurden laut dem Department of Immigration and Border Protection insgesamt 13.980 *457 Visa* Anträge eingereicht, 13.750 davon wurden vergeben. 37% der Visa gingen nach New South Wales, gefolgt von Victoria mit 25%. Im deutlich niedriger besiedelten Northern Territory wurden 1,6% der *457 Visa* vergeben. Dennoch sollte dieser Region nicht weniger Aufmerksamkeit geschenkt werden. Aufgrund des enormen Wirtschaftswachstums im Northern Territory gewinnt die Gegend insbesondere für ausländische Fachkräfte zunehmend an Attraktivität. Das Northern Territory Department of Business veranstaltet seit einiger Zeit unter dem *„NT Workforce Attraction Program"* Infoveranstaltungen um qualifizierte Arbeitskräfte für die Region anzuwerben.

Aufgeteilt nach Ländern zeigt sich, dass ein Großteil der bewilligten Anträge (26%) an indische Staatsbürger ging, 16,5% an Bürger aus Großbritannien. Im Vergleich, lediglich 1,6% der *457 Visa* wurden an deutsche Bewerber vergeben.

Die höchsten Löhne für unter dem *457 Visa* nominierte Jobs wurden mit einem durchschnittlichen Bruttojahresgehalt von 118.500 AUD exklusive Superannuation (australische Betriebsrente) im Bergbau bezahlt. Aufgeschlüsselt nach Berufsgruppen wurden die meisten *457 Visa* den IT Entwicklern gewährt (4,7%), gefolgt von Köchen (4,6%).

In Australien läuft sehr viel über persönliche- und Online Netzwerke. Wer an einer Karriere in Australien interessiert ist, dem sei geraten sich ein Profil bei dem webbasierten Business Netzwerk LinkedIn (*www.linkedin.de*) anzulegen. LinkedIn wird von den Australiern gerne im Recruiting aber auch zum Pflegen von Geschäftskontakten und zur Gewinnung neuer Kunden genutzt. Eine Auswahl an relevanten LinkedIn Gruppen ist im Kapitel 6 unter dem Buchstaben S *„Social Media"* aufgeführt. Eine weitere populäre und seriöse Anlaufstelle bei der Jobsuche ist die Onlinestellenbörse Seek (*www.seek.com.au*). Weitere Informationen zu branchenspezifischen Personalvermittlungen und Onlinestellenbörsen sind im Kapitel 6 *„Nützliche Internet-Links"* zu finden.

! Lesetipp:

Bewerbungsratgeber Australien: Mit Strategie und Selbstmarketing zum Traumjob Down Under (von Katrin Hilberath, erhältlich bei Amazon)

Dieser Ratgeber leitet Schritt für Schritt durch den Bewerbungsprozess und erläutert die verschiedenen Visa-Optionen.

Vorlagen für Bewerbungsschreiben und Lebenslauf, sowie eine detaillierte Erklärung zu den verschiedenen Interviewtechniken mit über 80 Beispielfragen und wichtigen englischen Schlüsselbegriffen, bieten eine ideale Vorbereitung.

„Bewerbungsratgeber Australien" stellt die neuesten Bewerbungstrends, speziell die zunehmende Bedeutung von LinkedIn, vor. Eine umfangreiche Linkliste zu relevanten Webseiten, Online Communities und Personalvermittlungen bietet hilfreiche Informationen zu Auswanderung, Jobsuche und dem Aufbau eines Netzwerkes Down Under.

Kapitel 4

Wirtschaftsbeziehungen zwischen Australien und Deutschland

Im Jahr 2013 beliefen sich nach Angaben von Germany Trade and Invest die deutschen Direktinvestitionen in Australien auf 1,3 Mrd. USD. Der deutsche Bremssystemhersteller Knorr-Bremse investierte im Jahr 2013 rund 25 Millionen Euro zum Bau einer 16.000 Quadratmeter großen Fertigungsanlage im Bundesstaat New South Wales.

Derzeit sind über 300 Töchter deutscher Unternehmen mit rund 650 Betriebsstätten in Australien tätig. Deutschland ist momentan Australiens zwölftgrößter Handelspartner weltweit. 2010 betrugen die Warenexporte von Australien nach Deutschland knapp 2,23 Mrd. Euro. Deutschland importierte hauptsächlich Bodenschätze wie Erze und Kohle.

Die Warenausfuhren von Deutschland nach Australien betrugen im gleichen Zeitraum rund 7,86 Mrd. Euro. Kraftfahrzeuge, Kraftfahrzeugteile, chemische, pharmazeutische und elektrotechnische Erzeugnisse, Kunststoffe sowie Maschinen zählten zu den bedeutendsten Gütern. Neben den direkten Warenausfuhren werden auch deutsche Bauleistungen auf Grund der hohen Ingenieurkompetenz stark nachgefragt. Laut dem Verband der deutschen Bauindustrie machten die Auftragseingänge aus Australien im Jahr 2012 18,4 Mrd. Euro aus. Um im australischen Markt Fuß zu fassen, haben sich viele deutsche Baufirmen bei lokalen Unternehmen eingekauft. Hochtief beispielsweise, ist mit seiner Tochtergesellschaft Leighton Marktführer in Australien.

Kapitel 5

Deutsche Unternehmen in Australien

Im Folgenden werden Deutsche Unternehmen in Australien nach Bundesstaaten, sowie alphabetisch und unter Angabe der Branche aufgelistet. Alle Informationen wurden sorgfältig recherchiert. Eine Gewähr für die Aktualität, Richtigkeit und Vollständigkeit der Angaben kann nicht übernommen werden.

NEW SOUTH WALES

A

a. hartrodt Australia
Branche: Logistik
Sitz: Sydney

A.W. Faber-Castell
Branche: Schreibwaren
Sitz: Sydney

Aldi
Branche: Einzelhandel
Sitz: Sydney

Allianz
Branche: Versicherung
Sitz: Sydney

ARDEX Australia
Branche: Baustoffe
Sitz: Sydney

Audi Australia
Branche: Automobil
Sitz: Sydney

B

B. Braun Australia
Branche: Pharma
Sitz: Sydney

Basler Fashion Australia
Branche: Bekleidung
Sitz: Sydney

Bauer Kompressoren
Branche: Maschinenbau
Sitz: Wetherill Park

Bauer Media
Branche: Medien
Sitz: Sydney

Bayer
Branche: Pharma
Sitz: Sydney

BDO
Branche: Wirtschaftsprüfung
Sitz: Sydney
(Anmerkung: Schweizer Unternehmen)

Beiersdorf
Branchen: Pharma, Kosmetik
Sitz: Sydney

Boehringer Ingelheim
Branche: Pharma
Sitz: Sydney

BRITA Water Filter Systems Distributors Pty Ltd
Branche: Haushaltsgeräte
Sitz: Sydney

Buse Heberer Fromm
Branche: Wirtschafts- und Steuerrecht
Sitz: Sydney

C

Carl Zeiss Australia
Branchen: Optik, Medizintechnik
Sitz: Sydney

D

DB Schenker
Branche: Logistik
Sitz: Sydney

Demag
Branche: Maschinenbau
Sitz: Sydney

Designa Sabar
Branche: Parksysteme
Sitz: Sydney

Deutsche Bank
Branche: Banken
Sitz: Sydney

Dywidag-Systems International
Branche: Bauunternehmen
Sitz: Bennetts Green

E

EagleBurgmann
Branche: Maschinenbau
Sitz: Sydney

ebm-papst A&NZ
Branche: Elektromotoren und Ventilatoren
Sitz: Sydney

Elumatec Australia
Branche: Maschinenbau
Sitz: Sydney

Eppendorf South Pacific
Branche: Automatisierungstechnik
Sitz: Sydney

F

Fresenius
Branchen: Pharma, Medizintechnik
Sitz: Sydney

Froebel
Branche: Kindertagesstätten
Sitz: Sydney

G

German International School Sydney
Branche: Bildung
Sitz: Sydney

Germany Trade & Invest
Branche: Wirtschaft
Sitz: Sydney

GFK
Branche: Marktforschung
Sitz: Sydney

Goethe Institut
Branche: Bildung
Sitz: Sydney

H

Hamburg Süd
Branche: Logistik
Sitz: Sydney

Hanson
(Teil der Heidelberg Zement Gruppe)
Branche: Baustoffe
Sitz: Sydney

Hapag-Lloyd
Branche: Logistik
Sitz: Sydney

HDI-Gerling Industrial Insurance
Branche: Versicherung
Sitz: Sydney

Heidelberg Australia / New Zealand (HAN)
(in Deutschland als *„Heidelberger Druckmaschinen AG"* bekannt)
Branche: Druck
Sitz: Sydney

Hellmann Worldwide Logistics
Branche: Logistik
Sitz: Sydney

Hettich
Branche: Möbel
Sitz: Sydney

Hilti
Branchen: Befestigungstechnik, Engineering
Sitz: Sydney
(Anmerkung: Liechtensteiner Unternehmen)

Holcim
Branche: Baustoffe
Sitz: Sydney
(Anmerkung: Schweizer Unternehmen)

I

IBAK Australia Pty. Ltd.
Branche: Kanalinspektionssysteme

Sitz: Sydney

K

KAEFER Integrated Services
Branche: Isoliertechnik
Sitz: Sydney

KLS Martin Australia
Branche: Medizintechnik
Sitz: Sydney

Knorr-Bremse
Branche: Transportwesen
Sitz: Sydney

L

Layher Pty Ltd
Branchen: Engineering, Gerüstebau
Sitz: Sydney

Leighton
(in Deutschland als „*Hochtief*" bekannt)
Branche: Bauindustrie
Sitz: Sydney

Liebherr
Branchen: Maschinenbau, Baumaschinen, etc.
Sitz: Singleton

Linde AG
Branchen: Gase, Engineering, Anlagenbau

Sitz: Sydney

Lüneburger German Bakery
Branche: Nahrungsmittel
Sitz: Sydney

M

MAN Diesel & Turbo Australia Pty Ltd
Branchen: Fahrzeug- und Maschinenbau
Sitz: Sydney

Meiko
Branche: Maschinenbau
Sitz: Chatswood

Miele Australia
Branche: Haushaltsgeräte
Sitz: Sydney

MULTIVAC Australia
Branche: Verpackung
Sitz: Sydney

Munich RE
Branche: Rückversicherer
Sitz: Sydney

O

Ottobock
Branchen: Gesundheit, Medizin
Sitz: Sydney

P

Paul Hartmann
Branchen: Gesundheit, Medizin
Sitz: Sydney

R

Röhlig Logistics
Branche: Logistik
Sitz: Sydney

S

SAP
Branche: IT
Sitz: Sydney

Schaefer Systems
Branche: Maschinenbau
Sitz: Sydney

Schaeffler
Branchen: Automobilzulieferer, Maschinenbau
Sitz: Sydney

Schenck Process
Branche: Messtechnik
Sitz: Sydney

SIEMAG TECBERG
Branche: Bergbau
Sitz: Sydney

SMA Solar
Branchen: Solartechnik, Stromrichter
Sitz: Sydney

Software AG
Branche: IT
Sitz: Sydney

Staedtler
Branche: Schreibwaren
Sitz: Sydney

STAT Australia Imports
Branche: Gastronomie
Sitz: Sydney

Stiebel Eltron
Branchen: Energie- und Heiztechnik
Sitz: Sydney

Surteco Australia
Branche: Kunststoffe
Sitz: Sydney

T

ThyssenKrupp Australia
Branchen: Aufzüge, Rolltreppen, Stahl, Marine Systeme,
Maschinenbau, Bergbau, Anlagenbau
Sitz: Sydney

U

UBS
Branche: Banken
Sitz: Sydney
(Anmerkung: Schweizer Unternehmen)

Urban Purveyor Group
Branche: Gastronomie
Sitz: Sydney
(Anmerkung: Austral. Gastronomie Kette: u.a. Munich Brauhaus
Melbourne, etc.)

UVEX
Branche: Sicherheitsbekleidung
Sitz: Sydney

V

Vapiano Australia
Branche: Systemgastronomie
Sitz: Sydney

Voith Turbo
Branche: Maschinenbau
Sitz: Sydney

Volkswagen
Branche: Automobil
Sitz: Sydney

W

Weidmuller
Branche: Maschinenbau
Sitz: Sydney

WIKA
Branche: Messtechnik
Sitz: Sydney

Z

ZF Services Australia
Branche: Antriebstechnik
Sitz: Sydney

VICTORIA

A

a. hartrodt Australia
Branche: Logistik
Sitz: Melbourne

Adidas Australia
Branchen: Sportartikel, Bekleidung
Sitz: Melbourne

Aldi
Branche: Einzelhandel
Sitz: Melbourne

Australian German Welfare Society
Branche: Sozialarbeit
Sitz: Melbourne

B

Balluff
Branche: Maschinenbau
Sitz: Melbourne

BASF Australia
Branche: Chemie
Sitz: Melbourne

Bauer Media
Branche: Medien
Sitz: Melbourne

Baumueller Australia
Branchen: Technologie, Engineering
Sitz: Melbourne

BDO
Branche: Wirtschaftsprüfung
Sitz: Melbourne
(Anmerkung: Schweizer Unternehmen)

Beckhoff Australia
Branchen: Technologie, Maschinenbau
Sitz: Melbourne

Bizerba Australia Pty Ltd
Branchen: Technologie, Maschinenbau, Logistik
Sitz: Melbourne

BMW
Branche: Automobil
Sitz: Melbourne

BOGE Compressors (Australia) Pty Ltd
Branchen: Technologie, Maschinenbau
Sitz: Melbourne

BSH Bosch Siemens Home Appliances
(In Deutschland als „*Bosch Siemens Hausgeräte GmbH*" bekannt)
Branche: Haushaltsgeräte
Sitz: Melbourne

Buffalo Trident
(in Deutschland als "*Bitzer Kühlmaschinenbau GmbH*" bekannt)
Branche: Maschinenbau
Sitz: Melbourne

C

Continental
Branche: Automobilzulieferer
Sitz: Melbourne

D

DB Schenker
Branche: Logistik
Sitz: Melbourne

Deutsche Bank
Branche: Banken
Sitz: Melbourne

Deutz
Branche: Motorenhersteller
Sitz: Melbourne

DHL
Branche: Logistik
Sitz: Melbourne

Dräger
Branchen: Medizintechnik, Sicherheitstechnik, Gasmesstechnik,
Chemie, Bergbau
Sitz: Melbourne

E

ebm-papst A&NZ
Branche: Elektromotoren und Ventilatoren

Sitz: Melbourne

Elumatec Australia
Branche: Maschinenbau
Sitz: Melbourne

Evonik
Branche: Chemie
Sitz: Melbourne

F

Festo
Branche: Engineering
Sitz: Melbourne

Festool
Branche: Werkzeuge
Sitz: Melbourne

Froebel
Branche: Kindertagesstätten
Sitz: Melbourne

Fuchs Lubricants
Branche: Schmierstoffe
Sitz: Melbourne

G

GFK
Branche: Marktforschung
Sitz: Melbourne

Goethe Institut
Branche: Bildung
Sitz: Melbourne

H

Häfele
Branche: Inneneinrichtung
Sitz: Melbourne

Hanson
(Teil der Heidelberg Zement Gruppe)
Branche: Baustoffe
Sitz: Melbourne

Hapag-Lloyd
Branche: Logistik
Sitz: Melbourne

Heidelberg Australia / New Zealand (HAN)
(in Deutschland als „*Heidelberger Druckmaschinen AG*" bekannt)
Branche: Druck
Sitz: Melbourne

Hella Australia
Branchen: Lichttechnik, Automobil
Sitz: Mentone

Henkel
Branche: Chemie
Sitz: Melbourne

Holcim
Branche: Baustoffe
Sitz: Melbourne
(Anmerkung: Schweizer Unternehmen)

Horsegym
Branche: Reitsport
Sitz: Melbourne

HTL perma Australia
Branche: Schmierstofftechnik
Sitz: Melbourne

I

Intersport
Branchen: Sportartikel, Bekleidung
Sitz: Melbourne
(Anmerkung: Schweizer Unternehmen)

J

JAG Process Solutions PTY LTD
Branchen: Technologie, Maschinenbau
Sitz: Melbourne
(Anmerkung: Schweizer Unternehmen)

K

KAEFER Integrated Services
Branche: Isoliertechnik

Sitz: Melbourne

Karcher (Kärcher)
Branche: Reinigungsgeräte
Sitz: Melbourne

Kuehne + Nagel
Branche: Logistik
Sitz: Melbourne

L

Liebherr
Branchen: Maschinenbau, Baumaschinen, etc.
Sitz: Melbourne

Lufthansa In-touch
Branche: Call Center
Sitz: Melbourne

Lüneburger German Bakery
Branche: Nahrungsmittel
Sitz: Melbourne

M

Mercedes Benz Australia
Branche: Automobil
Sitz: Melbourne

Miele Australia
Branche: Haushaltsgeräte
Sitz: Melbourne

MULTIVAC Australia
Branche: Verpackung
Sitz: Melbourne

P

Pepperl+Fuchs (Aust)
Branchen: Technologie, Maschinenbau
Sitz: Melbourne

Pilz
Branchen: Engineering, Steuerungstechnik, Antriebstechnik
Sitz: Melbourne

R

Robert Bosch
Branchen: Engineering, Automobilzulieferer
Sitz: Melbourne

S

SAP
Branche: IT
Sitz: Melbourne

Schaefer Systems
Branche: Maschinenbau
Sitz: Melbourne

Sick

Branche: Sensortechnik
Sitz: Melbourne

Siemens
Branchen: Technologie, Maschinenbau
Sitz: Melbourne

Stiebel Eltron
Branchen: Energie- und Heiztechnik
Sitz: Melbourne

Stihl
Branche: Forsttechnik
Sitz: Melbourne

Surteco Australia
Branche: Kunststoffe
Sitz: Melbourne

T

True Value Solar Pty. Ltd. (M+W Group)
Branche: Solar
Sitz: Melbourne

TUV Rheinland Australia
Branche: Dienstleistung
Sitz: Melbourne

U

UBS
Branche: Banken

Sitz: Melbourne
(Anmerkung: Schweizer Unternehmen)

Urban Purveyor Group
Branche: Gastronomie
Sitz: Melbourne
(Anmerkung: Austral. Gastronomie Kette: u.a. Munich Brauhaus
Melbourne, etc.)

V

Vapiano Australia
Branche: Systemgastronomie
Sitz: Melbourne

Vitronic
Branche: Maschinenbau
Sitz: Melbourne

Voith Turbo
Branche: Maschinenbau
Sitz: Melbourne

W

Westfalia Automotive Australia
Branche: Automobil
Sitz: Melbourne

WIKA
Branche: Messtechnik
Sitz: Melbourne

Würth
Branche: Montagetechnik
Sitz: Melbourne

QUEENSLAND

A

a. hartrodt Australia
Branche: Logistik
Sitz: Brisbane

Aldi
Branche: Einzelhandel
Sitz: Logan City

B

Bauer Media
Branche: Medien
Sitz: Mt Coot Tha

BDO
Branche: Wirtschaftsprüfung
Sitz: Cairns, Brisbane, Sunshine Coast
(Anmerkung: Schweizer Unternehmen)

D

DB Schenker
Branche: Logistik
Sitz: Brisbane

Designa Sabar
Branche: Parksysteme
Sitz: Cairns, Sunshine Coast

Dywidag-Systems International
Branche: Bauunternehmen
Sitz: Emerald

H

Hanson
(Teil der Heidelberg Zement Gruppe)
Branche: Baustoffe
Sitz: Brisbane

Hapag-Lloyd
Branche: Logistik
Sitz: Brisbane

Heidelberg Australia / New Zealand (HAN)
(in Deutschland als *„Heidelberger Druckmaschinen AG"* bekannt)
Branche: Druck
Sitz: Brisbane

Holcim
Branche: Baustoffe
Sitz: Brisbane
(Anmerkung: Schweizer Unternehmen)

K

KAEFER Integrated Services
Branche: Isoliertechnik
Sitz: Gladstone

Knauf Insulation
Branche: Baustoffe
Sitz: Brisbane

L

Liebherr
Branchen: Maschinenbau, Baumaschinen, etc.
Sitz: Brisbane

M

MAN
Branche: Fahrzeug- und Maschinenbau
Sitz: Wacol

Miele Australia
Branche: Haushaltsgeräte
Sitz: Brisbane

MULTIVAC Australia
Branche: Verpackung
Sitz: Brisbane

S

Siemens
Branchen: Technologie, Maschinenbau
Sitz: Brisbane

Stiebel Eltron
Branchen: Energie- und Heiztechnik
Sitz: Brisbane

Surteco Australia
Branche: Kunststoffe
Sitz: Brisbane

U

UBS
Branche: Banken
Sitz: Brisbane
(Anmerkung: Schweizer Unternehmen)

V

Vapiano Australia
Branche: Systemgastronomie
Sitz: Brisbane, Gold Coast

Voith Turbo
Branche: Maschinenbau
Sitz: Brisbane

W

WIKA
Branche: Messtechnik
Sitz: Brisbane

SOUTH AUSTRALIA

A

a. hartrodt Australia
Branche: Logistik
Sitz: Adelaide

B

Bauer Media
Branche: Medien
Sitz: North Adelaide

BDO
Branche: Wirtschaftsprüfung
Sitz: Adelaide
(Anmerkung: Schweizer Unternehmen)

D

Designa Sabar
Branche: Parksysteme

Sitz: Adelaide

H

Hanson
(Teil der Heidelberg Zement Gruppe)
Branche: Baustoffe
Sitz: Adelaide

Heidelberg Australia / New Zealand (HAN)
(in Deutschland als „*Heidelberger Druckmaschinen AG*" bekannt)
Branche: Druck
Sitz: Adelaide

Holcim
Branche: Baustoffe
Sitz: Adelaide
(Anmerkung: Schweizer Unternehmen)

K

KAEFER Integrated Services
Branche: Isoliertechnik
Sitz: Adelaide

L

Liebherr
Branchen: Maschinenbau, Baumaschinen, etc.
Sitz: Para Hills West

S

Sarstedt
Branche: Medizintechnik
Sitz: Adelaide

Siemens
Branchen: Technologie, Maschinenbau
Sitz: Adelaide

Z

ZF Lemforder Australia
Branche: Antriebstechnik
Sitz: Adelaide

WESTERN AUSTRALIA

B

BDO
Branche: Wirtschaftsprüfung
Sitz: Perth
(Anmerkung: Schweizer Unternehmen)

Brotzeit German Bier Bar & Restaurant
Branche: Gastronomie
Sitz: Perth

D

Dywidag-Systems International
Branche: Bauunternehmen
Sitz: Perth

E

Elumatec Australia
Branche: Maschinenbau
Sitz: Perth

F

Förch
Branchen: Automobilzulieferer, Automatisierungstechnik
Sitz: Perth

H

Hanson
(Teil der Heidelberg Zement Gruppe)
Branche: Baustoffe
Sitz: Perth

Haver
Branche: Maschinenbau
Sitz: Perth

Heidelberg Australia / New Zealand (HAN)
(in Deutschland als „*Heidelberger Druckmaschinen AG*" bekannt)

Branche: Druck
Sitz: Perth

Holcim
Branche: Baustoffe
Sitz: Perth
(Anmerkung: Schweizer Unternehmen)

L

Liebherr
Branchen: Maschinenbau, Baumaschinen, etc.
Sitz: Newman

Linde AG
Branchen: Gase, Engineering, Anlagenbau
Sitz: Perth

M

M+W Group
Branche: Anlagenbau
Sitz: Perth

S

Siemens
Branchen: Technologie, Maschinenbau
Sitz: Perth

Stiebel Eltron

Branchen: Energie- und Heiztechnik
Sitz: Perth

Surteco Australia
Branche: Kunststoffe
Sitz: Perth

U

UBS
Branche: Banken
Sitz: Perth
(Anmerkung: Schweizer Unternehmen)

V

Voith Turbo
Branche: Maschinenbau
Sitz: Perth

W

Wirtgen Australia
Branche: Maschinenbau
Sitz: Perth

Z

ZF Services Australia
Branche: Antriebstechnik
Sitz: Perth

NORTHERN TERRITORY

A

a. hartrodt Australia
Branche: Logistik
Sitz: Darwin

B

BDO
Branche: Wirtschaftsprüfung
Sitz: Darwin
(Anmerkung: Schweizer Unternehmen)

H

Hanson
(Teil der Heidelberg Zement Gruppe)
Branche: Baustoffe
Sitz: Darwin

K

KAEFER Integrated Services
Branche: Isoliertechnik
Sitz: Darwin

TASMANIEN

B

BDO
Branche: Wirtschaftsprüfung
Sitz: Hobart
(Anmerkung: Schweizer Unternehmen)

H

Hanson
(Teil der Heidelberg Zement Gruppe)
Branche: Baustoffe
Sitz: Hobart

Kapitel 6

Nützliche Internet-Links

Die Nachfolgenden Links geben Hilfestellung bei Networking, Job- und Wohnungssuche, sowie zur wirtschaftlichen Situation und -Themen Australiens.

A

AUSTRALIAN CAPITAL TERRITORY

Informationen zum State Nomination Skilled Visa
▶ *www.canberrayourfuture.com.au*

B

AUSTRALISCHE ZENTRALBANK

Reserve Bank of Australia
▶ *http://www.rba.gov.au*

C

ONLINE COMMUNITIES

▶ *http://www.deutscheinmelbourne.net*
▶ *http://www.deutscheinperth.net*
▶ *http://www.deutscheinsydney.net*
▶ *www.internations.org*

CONSOLIDATED SPONSORED OCCUPATIONS LIST (CSOL-LIST)

Auflistung von Berufen, welche für das *457 Visum* qualifiziert sind
▶ *https://www.immi.gov.au/Work/Pages/skilled-occupations-lists/csol.aspx*

E

AUSTRALISCHE EINWANDERUNGSBEHÖRDE

Department of Immigration and Border Protection
▶ *http://www.immi.gov.au*

F

FINANZAMT

Australian Taxation Office (kurz: ATO)
▶ *https://www.ato.gov.au*

FOREN

▶ *http://deutscheinbrisbane.net*
▶ *http://www.deutscheinmelbourne.net*
▶ *http://www.deutscheinsydney.net*
▶ *http://www.deutscheinperth.net*
▶ *http://www.forum-australien.com*
▶ *http://www.reisebineforum.de*

G

GEHALTSRECHNER, ONLINE GEHALTSVERGLEICH

PayScale
▶ *http://www.payscale.com*

I

IMMOBILIEN- UND WOHNUNGSSUCHE

▶ *http://www.realestate.com.au*

J

JOBBÖRSEN

▶ *http://www.careerone.com.au*
▶ *http://www.gumtree.com.au*
▶ *http://au.indeed.com*
▶ *http://www.australien.ahk.de/jobxchange*
▶ *https://www.linkedin.com/job/home*
▶ *http://mininglink.com.au*
▶ *http://www.seek.com.au*

K

KLEINANZEIGEN

Gumtree
(Kleinanzeigen jeglicher Art, besonders hilfreich bei der Suche
nach WG Zimmern und Aushilfsjobs – Vorsicht vor Betrügereien,
Scam und unseriösen Angeboten)
▶ *http://www.gumtree.com.au*

M

MEDIEN- UND PR KONTAKTE

Margaret Gee's Media Guide
▶ *http://connectweb.com.au/media-guide.aspx*

MEETUP GRUPPEN

The Melbourne German Language Meetup Group
▶ *http://www.meetup.com/german-356/*

German speaking socialising club in Eastern Suburbs (Region Melbourne)
▶ *http://www.meetup.com/German-speaking-socialising-club-in-South-Eastern-Suburbs/*

Ich will Deutsch sprechen! (Region Melbourne)
▶ *http://www.meetup.com/Ich-will-Deutsch-sprechen/*

Czech-Hun-German-Dutch-Euro-Australian get-togethers (Region Melbourne)
▶ *http://www.meetup.com/Czech-Hun-German-Dutch-Euro-Australian-get-togethers/*

Sydney's Deutsche/German Language & Kultur Group
▶ *http://www.meetup.com/SydneyGermanGroup/*

Sydney German Language Club
▶ *http://www.meetup.com/SydneyGerman_Club/*

Manly & Northern Beaches German / Deutsche Freunde (Region Sydney)
▶ *http://www.meetup.com/ManlyDeutscheFreunde/*

Perth German Language Group
▶ *http://www.meetup.com/perth-german-language-group/*

DerDieDas Brisbane German Learning Group
▶ *http://www.meetup.com/DerDieDas-Brisbane-German-Learning-Group/*

GermansDownUnder (Region Brisbane)
▶ *http://www.meetup.com/GermansDownUnder/*

Adelaide German Language and Culture Meetup Group
▶ *http://www.meetup.com/Adelaide-German/*

MESSEN

CeBIT Australia
▶ *http://www.cebit.com.au/*

AusBiotech
▶ *http://www.ausbiotech.org/*

AllEnergy
▶ *http://www.all-energy.com.au/*

N

NEW SOUTH WALES

Informationen zum State Nomination Skilled Visa
▶ *http://www.business.nsw.gov.au/live-and-work-in-nsw*

NORTHERN TERRITORY

Informationen zum State Nomination Skilled Visa
▶ *http://www.migration.nt.gov.au/*

Wirtschaftsabteilung Northern Territory
Northern Territory Department of Business
▶ *http://www.dob.nt.gov.au/Pages/default.aspx*

NT Workforce Attraction Program
(Initiative des Staates Northern Territory zum Anwerben
qualifizierter Arbeitskräfte)
▶ *http://www.australiasnorthernterritory.com.au/Working/Pages/worker-attraction.aspx*

Q

QUEENSLAND

Informationen zum State Nomination Skilled Visa
▶ *http://migration.qld.gov.au*

P

PERSONALDIENSTLEISTER

Healthcare Recruitment (Krankenschwestern, Ärzte, Altenpfleger,
etc.)
Inserieren regelmäßig für *457* Sponsoren
Healthcare Australia
▶ *http://www.healthcareaustralia.com.au*

IT&T Recruitment
Halcyon Knights
▶ *http://halcyonknights.com.au*

Evolution Recruitment Services
Schreiben regelmäßig Stellen für deutsches
Maschinenbauunternehmen aus
▶ *http://www.evolutionrecruitment.com.au*

Platinum People Solutions
Schreiben regelmäßig Stellen für deutsches Unternehmen aus
▶ *http://www.platinum-people.com.au*

Polyglot
Internationale Arbeitsvermittlung, u.a. im Bereich Bergbau,
Erneuerbare Energien u. Marketing
▶ *http://www.polyglot.com.au/de/solutions/recruitment/*

R

RADIO

SBS German
▶ *http://www.sbs.com.au/yourlanguage/german/about*

S

SOCIAL MEDIA

Facebook Gruppe Deutsche in Australien Jobbörse
▶ https://www.facebook.com/groups/404643596394977/

Facebook Gruppe Germans in Australia
▶ *https://www.facebook.com/groups/7024925508/*

Facebook Gruppe Deutsche in Melbourne Stammtisch
▶ *https://www.facebook.com/groups/DIMStammtisch/*

Facebook Gruppe Deutsche in Sydney
▶ *https://www.facebook.com/groups/247825166587/*

Facebook Gruppe Deutsche in Brisbane
▶ *https://www.facebook.com/groups/1443552725892717/*

Facebook Gruppe Deutsche in Perth
▶ *https://www.facebook.com/groups/19444394729732/*

Facebook Gruppe Newbies International (Region Melbourne)

▶ *https://www.facebook.com/groups/newbiesinternationalmelbourne/*

LinkedIn Gruppe German-Australian Business Women
▶ http://www.linkedin.com/groups/German-Australian-Business-Women-Association-6968642/about

LinkedIn Gruppe German Australian Professionals
▶ *http://www.linkedin.com/groups?home=&gid=3273282&trk=my_groups-tile-grp*

LinkedIn Gruppe German Businesses in Australia
▶ *http://www.linkedin.com/groups/German-businesses-in-Australia-4382801?home=&gid=4382801&trk=my_groups-tile-grp*

LinkedIn Gruppe jobXchange Australia
▶ *http://www.linkedin.com/groups?home=&gid=4761207&trk=my_groups-tile-grp*

LinkedIn Gruppe 457 Visa Holders in Australia
▶ *http://www.linkedin.com/groups?mostRecent=&gid=3165015&trk=my_groups-tile-flipgrp*

Xing Gruppe Arbeiten in Australien
▶ *https://www.xing.com/communities/groups/arbeiten-in-australien-132c-1032649*

Xing Gruppe Australien Forum
▶ *https://www.xing.com/communities/groups/australien-forum-132c-1068816*

Xing Gruppe Melbourne Now
▶ *https://www.xing.com/communities/groups/melbourne-now-132c-1004442*

SOUTH AUSTRALIA

Informationen zum State Nomination Skilled Visa
▶ *http://www.migration.sa.gov.au/*

STATISTIK

Australian Bureau of Statistics
▶ *http://www.abs.gov.au*

T

TAGESZEITUNG

The Age Tageszeitung
▶ *http://www.theage.com.au*

TASMANIEN

Informationen zum State Nomination Skilled Visa
▶ *http://www.migration.tas.gov.au*

V

VERBÄNDE

Australian Chamber of Commerce and Industry
Australische Industrie und Handelskammer
▶ *http://www.acci.asn.au*

Bauverband
Master Builders Australia
▶ *http://www.masterbuilders.com.au*

Deutsch-Australische Handelskammer
German Australian Chamber of Commerce (AHK)
▶ *http://australien.ahk.de*

Handelskammer New South Wales
New South Wales Business Chamber
▶ *http://www.nswbusinesschamber.com.au/Homebeta*

Handelskammer Northern Territory
The Chamber of Commerce NT
▶ *http://www.chambernt.com.au*

Industrie und Handelskammer Western Australia
The Chamber of Commerce and Industrie WA
▶ *http://cciwa.com*

Industrie und Handelskammer Queensland
Chamber of Commerce & Industrie Queensland
▶ *https://www.cciq.com.au*

Industrie und Handelskammer South Australia
South Australia's Chamber of Commerce and Industrie
▶ *http://business-sa.com*

Industrie und Handelskammer Tasmanien
Tasmanian Chamber of Commerce & Industrie
▶ *http://www.tcci.com.au/Home*

Verband der Hotelindustrie
Australian Hotels Association
▶ *http://aha.org.au*

Ingenieurverband
Engineers Australia
▶ *http://www.engineersaustralia.org.au*

Verband der Steuer- und Wirtschaftsberater
Institute of Chartered Accountants
▶ *http://www.charteredaccountants.com.au/*

Marketing Verband

Australian Marketing Institute
▶ *http://www.ami.org.au*

Verband der Mineralindustrie Northern Territory
Mineral Council of Australia NT Division
▶ *http://www.minerals.org.au*

Human Ressources Verband
Australian Human Resources Institute
▶ *https://www.ahri.com.au*

VERBRAUCHERSCHUTZ

Australian Consumer and Competition Commission (kurz:
ACCC)
▶ *http://www.accc.gov.au*

VICTORIA

Informationen zum State Nomination Skilled Visa
▶ *http://www.liveinvictoria.vic.gov.au/visas-and-immigrating/state-nomination*

W

WESTERN AUSTRALIA

Informationen zum State Nomination Skilled Visa
▶ *http://www.migration.wa.gov.au/services/skilled-migration-wa*

WIRTSCHAFTSNACHRICHTEN

Business Insider Australia
▶ *http://www.businessinsider.com.au*

Impressum

1. Auflage 2015
Deutsche Erstausgabe

ISBN-13: 978-1514248843
ISBN-10: 1514248840

Cover: Create Space Cover Creator

www.ingramcontent.com/pod-product-compliance
Lightning Source LLC
Chambersburg PA
CBHW070817290526
45795CB00002B/744